Cómo Procrear
UNA FAMILIA SANA

Cómo Procrear
UNA FAMILIA SANA
MAX TERAN
CITI OF BOOKS

CITIOFBOOKS, INC.
3736 Eubank NE Suite A1
Albuquerque, NM 87111-3579
www.citiofbooks.com
Línea directa: 1 (877) 389-2759
Número de fax: 1 (505) 930-7244

Información de pedido:
Cantidad de ventas. Hay descuentos especiales disponibles en compras de cantidades por parte de corporaciones, asociaciones y otros. Para obtener más información, póngase en contacto con el editor en la dirección anterior.

Impreso en los Estados Unidos de América.

ISBN-13:   Tapa blanda   978-1-960952-28-8
                Libro electrónico 978-1-960952-27-1

Número de control de la Biblioteca del Congreso: 2023910188

TABLA DE CONTENIDOS

Dedico este libro a Dios quien hizo esto posible, a mis padres, a mi esposa y a mis cinco hijos.

PRÓLOGO

Este libro nace de un sueño y mi interés ferviente de ayudar a tantas personas que desean tener una familia sana en este mundo, esto lo hago por ese llamado de Dios, mi experiencia de vida desde mi niñez y ese testimonio de primera mano que he logrado junto a mi esposa y nuestros propios hijos, la bendición más grande que cualquier persona pueda tener.

He recopilado los puntos más importantes que son los ingredientes, como le llamo yo, para que, desde el noviazgo, cualquier pareja que desee tener hijos sanos, un matrimonio duradero, pueda lograrlo sin problemas y así seguir regando esta hermosa semilla de amor por todo el mundo.

Este libro también es para esas familias que ya están formadas, para que tengan la oportunidad de renovarse con el mismo. Si a mí me dio resultado, estoy seguro y tengo fe que a ti que lees, puedes llegar a tener la familia que siempre soñaste.

Capítulo 1
LA ORACIÓN

El secreto de cómo procrear una familia sana en este mundo depende de varios factores y uno de ellos, se logra con la oración. Cuando oramos, estamos hablando con Dios, pidiéndole. En la Biblia, Mateo capítulo 7, verso 7 y 8 dice así: "Pedid y se os dará, buscad y hallaréis, porque aquel que pide recibe, el que busca halla y al que toca se le abrirá".

Si tú no crees en Dios, muchas personas hablan de creer en el universo, el universo al final de cuentas es Dios mismo, el corazón del mundo a quien elevamos nuestras intenciones profundas para que se hagan realidad.

Cuando pides con la intención de obtener esas respuestas positivas, tu intención viaja en palabras hacia el ser que nos escucha, el todopoderoso. Lo que nosotros creemos o lo que nosotros pensamos fervientemente, en eso nos convertimos. Entonces ¿Por qué no empezar por la oración? Si nos vamos literalmente a la Biblia, como hice yo, quiere decir con ese texto de pedir y se nos dará.

Si no pides, si no elevas esa intención al señor, si no buscas, no encontrarás, si no tocas a la puerta, no se te abrirá. Eso que deseas puede convertirse en realidad si no lo guardas para ti, sino que te abandonas en esa petición a Dios constantemente, podrías realizar tus anhelos. Puedes tener una familia como la mía y como otras que lo han logrado.

Para empezar un proyecto tan importante como es procrear una familia sana, primero debes pedir a Dios para que te envíe la persona correcta. Vas a pedir, vas a rogar, vas a rezar que te dé la oportunidad de que puedas escoger a tu pareja, seas hombre o seas mujer. De que puedas escoger sabiamente, correctamente y entonces comenzarás a procrear tu familia de forma sana.

El mundo está repleto de distintas opciones, por eso mucha gente se queda en la etapa de buscar y buscar al correcto, sin saber que, sin la oración, siempre encontrarás un problema que te hará desistir, alguien que no comparte tus valores, tu forma de ser, o simplemente meterte en relaciones vacías y de sufrimientos.

Si te fijas, todos los seres vivos tienen que procrear. Es nuestra naturaleza reproducirnos con nuestra misma especie, por ejemplo, mira a los animales como lo hacen, ellos buscan dejar una herencia o huella en su familia de manera instintiva, saben que tienen que hacerlo.

Lo hacen los pájaros, los animales salvajes, en fin, todo el universo está repleto de criaturas que procuran procrear. Si nosotros tenemos cinco sentidos como seres humanos y tenemos la bendición de poder hablar, de poder escoger, de poder pedir, pues pidamos. Lo dice el mismo Dios.

Hay un texto bíblico que dice que si no tenemos es porque no hemos pedido; hay que pedir. Tenemos la oportunidad de pedir, tenemos la puerta abierta para hacerlo. Si empezamos de esa manera, muy probablemente lo lograremos.

Nosotros debemos pedir con esa confianza e ímpetu. Por ejemplo, mi esposa y yo antes de casarnos y unir nuestras vidas, oramos a Dios, pedimos arduamente por esa intención, primero para saber si éramos el uno para el otro, si lográramos convertirnos en la pareja correcta el uno para el otro. Sabíamos que el matrimonio era para toda la vida. Cuando el sacerdote, el pastor o el líder religioso casa, siempre dice: "Para toda la vida, hasta que la muerte nos separe".

Pensar en que hasta que la muerte nos separe estaremos juntos, es una promesa de toda la vida que no debe tomarse a la ligera. Por eso, muchas personas actualmente tienen familias disfuncionales, hijos delincuentes, heridos por dentro, porque sus padres para empezar nunca tomaron en serio la promesa que hicieron en el altar.

Mi esposa y yo nos tomamos nuestro tiempo para esa oración, para ponernos en armonía con Dios y luego, todo empezó. Nuestra promesa era y ha sido para toda la vida desde ese momento.

Hay un texto en la Biblia que dice: "Dejará el hombre a su padre y a su madre y se unirá a su mujer y serán una sola carne". Es una tremenda bendición cuando una pareja se une porque se convierten en una sola persona, en una sola carne. Para lograr el cometido y tener la oportunidad de unir sus vidas, de unirlas hasta que la muerte los separe y procrear esa familia. La oración tiene esa facultad de darte la oportunidad de ser escuchado.

Hubo un profeta llamado Jonás, al cual Dios le asignó una misión, pero él quiso, no deseaba cumplir con el mandato que se le asignó de ir a Nínive a predicar a la gente, sin embargo, Dios hizo que en cierta forma la cumpliera de una manera que a lo mejor él no esperaba. Se subió a un barco y en vez de dirigirse para el lado de donde él había sido enviado a la misión, que era en Nínive, lo hizo del lado contrario. Dice el relato que se formó una gran tormenta y todos empezaron a orar.

Encontraron a Jonás dormido, lo despertaron y le informaron que se le iba a venir encima todo, pero Jonás sabía la respuesta, lo que tenía que hacer. Pidió a la gente que lo lanzaran al mar bravo para que la tormenta se terminara. Él sabía que debía hacerlo como castigo.

Así lo hicieron, lo empujaron al agua e inmediatamente, un pez gigante se lo tragó. Jonás estuvo tres días y tres noches en el vientre del pez, entonces ahí es donde él comenzó a orar.

"Invoqué en mi angustia a Jehová y él me oyó, clamé y mi vos oíste, me escuchaste en lo profundo, en medio de los mares y me rodeó la corriente y todas sus ondas y sus olas pasaron sobre mí, entonces dije, desechado soy delante de tus ojos, más aún veré tu santo templo. Las aguas me rodearon, hasta el alma me rodeó, el abismo y el alga se enredó en mi cabeza, defendía los cimientos de los montes sobre mí para siempre, más tú sacaste mi vida de la sepultura. ¡Oh, Jehová Dios mío! cuando mi alma desfallecía me acordé de Jehová y mi oración llegó ante ti en tu santo templo. Con voz de alabanza te ofreceré sacrificios, pagaré lo que prometí, la salvación es de Jehová".

Mandó Jehová al pez a que lo vomitara. Así como Dios escuchó la oración de este hombre, también escucha la oración de una persona necesitada. Él no se detuvo, sino que pidió.

Eso fue lo que yo hice con mi esposa, oramos separadamente y pedimos que si era su voluntad que nos uniéramos en matrimonio. Sin embargo, así fue, nos unimos en matrimonio y procreamos 5 hijos, 29 años después estamos escribiendo este libro.

29 años después, llega este libro a tus manos porque este era el momento donde estaba totalmente convencido de las estrategias que Dios nos había regalado para procrear nuestra familia a pesar de todo. Ya no son solo teorías, es la práctica y el testimonio nuestro que ponemos en estas líneas.

Siempre y cuando ores, a ti también Dios te va a dar la oportunidad de tener tu propia familia sana, con este ingrediente principal de la oración. Comenzando con saber quién será la pareja correcta, por supuesto.

Hay algo muy importante que debemos de tener en cuenta antes de unirnos para tener una familia, es el hecho de cuidar nuestra salud en general para tener hijos saludables.

Hay muchas madres que por no dejar de fumar tabaco, cigarros, drogas etc. Su resultado final son niños con problemas graves de salud y síndromes que pudieron haberse evitado. Pero no solo hablemos de la mujer, sino del hombre. Muchas cosas que se cargan en los cuerpos de los padres pueden ser transmitidas directamente a los hijos.

Mi madre tuvo colesterol alto prácticamente toda su vida, el doctor determinó que ella producía el colesterol naturalmente. Después de tener mis primeros hijos: Blanca y Nehemías, Jerusalén, Génesis y por último Jonatan, me hice un examen médico donde apareció el colesterol en mi sangre. Quiere decir, que heredé esta condición de mi madre.

Esto significa que al estar atentos a las cosas que ya tenemos, al nacer nuestros hijos, podemos tener un panorama amplio y empezar a cuidarlos cuando ya es algo hereditario. Por el contrario, cuidar la salud es parte de traer niños sanos. Por eso, hay que cuidarse.

Esa debe ser nuestra meta, que nuestros hijos nazcan sanos. Para esto hay que orar a Dios. En la Biblia se habla de una mujer, Ana, que no podía tener hijos, la gente se burlaba de ella por esto. Lo que hizo Ana fue orar fervientemente, pidiendo a Dios que le diera la oportunidad de tener hijos y al final de cuentas, él se acordó de ella, tuvo un hijo y le puso por nombre Samuel y Samuel fue sacerdote, profeta, fue de gran bendición para ella.

Yo escucho personas decir que en este tiempo ya no se puede tener hijos sanos o que los hijos por naturaleza son rebeldes, o que no obedecen a sus padres. Eso no es cierto, no es cuestión de los tiempos ni se puede echar la culpa a los demás, tú puedes hacerlo bien, ya que se trata de hacer las cosas bien desde el inicio y el inicio es la oración devota, con humildad, abiertos a escuchar la voz de Dios.

Soy prueba viva de lo que te digo. Mis hijos nos obedecen a mi esposa y a mí. Nosotros nos preocupamos por darles la disciplina necesaria, de usar estas estrategias que te iré enumerando, como es el caso de la disciplina. En otro capítulo hablaremos detalladamente de ella.

Mucha gente dice que las generaciones han cambiado, pero no, lo que pasa es que actualmente los padres dicen estar demasiado ocupados y sin tiempo suficiente para dedicarlo a la crianza de los niños. Por esto ellos, acuden a compañías no provechosas para su desenvolvimiento por la vida. Hay que enfocarse en esa ayuda que viene de Dios y confiar en la capacidad que él te ha dado para poder afrontar el día a día, sacar tiempo para tus hijos y, por ende, tendrás una familia muy sana.

Algo que debemos tener claro es que el hombre es el proveedor y la mujer, protectora de la familia. Cada uno tiene su rol, el rol que Dios nos ha dejado para ejercer. Cuando mi esposa y yo nos casamos ella trabajaba, pero quedamos en un acuerdo que cuando ella quedara embarazada, iba a tener que dejar el trabajo y dedicarse al embarazo para cuando naciera nuestro hijo o hija, ponerle toda la atención y cuidarlo. Mi salario era de tan solo $150 a la semana, mi esposa se preguntaba si esto alcanzaría para el sustento de la familia, pero lo dije que no se preocupe, que Dios proveerá.

Aquí entra también el común acuerdo, no se originó una guerra de egos para ver quién ganaría y tampoco hubo una discusión acalorada por causa de esta decisión, sino que ambos estuvimos de acuerdo. Así lo hicimos por los próximos 20 años, mi esposa no trabajó. Lo que quiere decir eso que mi esposa se dedicó a mis cinco hijos.

Ella los cuidó y los protegió, los educamos juntos, los disciplinamos, yo trabajaba y proveía, ella los protegía. Nuestros hijos no estuvieron nunca bajo el cuidado de *"day care"* con otras personas, tampoco con familiares. En alguna ocasión tuvimos que recibir apoyo de una de mis hermanas, ella nos ayudó, pero no en la disciplina, su papel meramente fue el de apoyarnos y darnos la mano en un momento específico, sin embargo, la educación final y las reglas las poníamos nosotros, los padres.

Nunca nos faltó sustento ni cosas para poderlos mantener, las necesidades siempre fueron suplidas. Dios nos hizo como a los pajaritos del campo, nos dio todo lo que fuimos necesitando, en casa no hizo falta que mi esposa tuviera que trabajar, porque ya nuestras oraciones habían sido contestadas.

Un paso primordial además de lo que he dicho anteriormente, fue que también educamos a nuestros hijos en casa, a través del programa de *Home School*. Esto lo hicimos para protegerlos y educarlos bajo nuestros principios. Dio excelente resultado porque se pudieron graduar.

¿No es esto maravilloso? Lo es, porque no solo los proteges, sino que también los educas y compartes tiempo con ellos, enseñándoles los valores reales.

Mi padre y mi madre, que Dios los tenga en su santa gloria, no sabían leer ni escribir, no fueron alfabetizados, pero poseían una visión global de muchas cosas, en especial con nuestra protección y educación. La gente se burlaba de mi padre por lo estricto que era con nosotros, por lo sobreprotector, nos protegía no nos dejaba salir, sin embargo, al final de cuentas aquello tuvo su efecto positivo.

Posiblemente a tus hijos los dejas que se vayan con cualquiera, no investigas qué clase de amistades tienen, no te das cuenta dónde se quedan, pero tarde o temprano eso te va a causar problemas, te van a hacer llorar, te van a causar estrés, enfermedades que no quisieras tener. Hay que saber dónde y con quién se juntan nuestros hijos, sus amigos, la gente que vive cerca de ellos y su compañía. Eso de que los niños tienen privacidad, no debe ser así mientras sean menores. Cualquiera podría aprovecharse de su inocencia.

Es cuestión de oración al principio, de pedir que tus hijos salgan bien, te salgan sanos físicamente, si te salen sanos dale gracias a Dios porque actualmente hay muchos niños con autismo, deformes y más.

Yo me hice una pregunta ¿será esta mujer la adecuada para que sea mi pareja?, ella por su parte también oraba de esa manera, estaba pidiendo una señal si era bueno que se uniera a mí en matrimonio. De alguna manera tuvimos una confirmación, ella no se daba cuenta de que yo estaba orando, yo no me daba cuenta de que ella lo hacía. Luego, nos unimos en matrimonio porque así fue la voluntad de Dios, así ha sido la voluntad de Dios por los 29 años que tenemos de casados. Por eso te puedo decir libremente que la oración trabaja, que funciona y tiene mucho que ver, pues gracias a Dios nuestros cinco hijos nacieron sanos.

Él me vio como un valiente, vio que mi esposa y yo teníamos la valentía y la capacidad de poderlos procrear y lanzarlos al mundo como una flecha, debes saber cómo los vas a proyectar, depende de ti y no del vecino, del gobierno ni de la escuela sino del seno familiar. Depende de papá y de mamá. Esa es tu función, pero si tú no lo ves de esa manera, es imposible que tengas una familia sana en este mundo. Si tenemos familias sanas en la sociedad, en los países, en nuestro alrededor, tendrían que cerrar las cárceles porque no serían necesarias las reformaciones.

Parte de este libro precisamente es para eso, para darte estas buenas nuevas. Dios te dio la oportunidad de que tengas este libro en tus manos, que es un manual y está a tu alcance. No vale miles de dólares y la información que aquí se contiene, te ayudará mucho.

Te servirá como si hubieras ido a la universidad, la universidad de cómo ser un buen padre, de cómo ser una buena madre. No hay forma posible de que se te desvíen, si lo hacen es porque de 0 a 12 años no procuraste darles la debida disciplina. El salmo 127 dice que la herencia del señor son los hijos.

Lo ideal es que ambos padres no tengan que trabajar al mismo tiempo, porque la crianza, formación, valores y seguimiento jamás será el mismo. La madre debe permanecer en casa, principalmente en su primera etapa de vida, cuando es más susceptible. Qué triste es que los dos tengan que trabajar, yo no digo que está mal, pero vas a sufrir. A lo mejor no les va a faltar nada, pero lo más preciado será la felicidad, la armonía que pueda haber en el hogar posiblemente no va a existir porque los dos trabajan, los dos llegan cansados. Posiblemente los ponen en una guardería o los cuida un familiar, lo que no es lo mismo en términos de alimentación, por ejemplo, ellos le dan de comer lo que quieren, en cambio su madre sabe cuándo el hijo requiere alimentarse.

La alimentación es tan importante en los primeros años del bebé que, cuando adultos podríamos arrastrar y desencadenar problemas serios. Un ejemplo de esto fue mi padre, que murió de cirrosis y no por el alcohol. Fue porque no tuvo una buena alimentación de cero a cinco años, así se lo reveló el doctor. De cero a cinco años la alimentación es vital. No solo físicamente sino también para el cuidado de la salud mental. Dicen los expertos que los niños a esa edad son como una esponja.

Hay un libro en la Biblia llamado Proverbios, lo recomiendo para todo aquel que desee tener más conocimiento sobre tener una familia sana. No importa su religión. Mi bisabuelo no profesaba una religión, pero tenía su Biblia y a mi papá le gustaba escuchar esas lecturas desde pequeño. Eso mismo fue transmitiéndonos poco a poco y hasta el día de hoy, la lectura de este libro me ha beneficiado enormemente.

Pongámoslo de esta forma, tú como padre o madre tienes el arco en tus manos, ellos, tus hijos, son las flechas. Dios te dejó una herencia y debes cuidarle, protegerla para que no te la roben. Fíjate nada más cuántos tratantes de blancas hay actualmente. Muchos jóvenes son esclavizados en las pandillas y las drogas. Tú eres responsable junto con tu esposo o esposa, a ustedes Dios les dio el arco, no nos va a dar las fechas si no tenemos el arco. Es decir, si no estás preparado, no puedes tener esos hijos para criarlos.

Imagínate el orgullo que se siente proyectar un niño o niña que, durante su transcurso de vida, te haga sentir orgulloso de haberlo traído al mundo. Ver esa semilla crecer ante los ojos de la sociedad y saber que es parte de tu obra y la de tu pareja, observar a tu hijo ser presidente de cualquier nación, gobernador, atleta, doctor, cantante. Por un instante imagínate proyectando unos hijos así.

Por el contrario, ser el padre de un drogadicto, pandillero, o de la que escogió la prostitución, esa no es mucha honra, eso es deprimente. Por eso es que tenemos que hacer un buen trabajo basado en la oración desde el principio, para luego ver esos frutos.

<h1 style="text-align:center">Capítulo
2
LA OBEDIENCIA</h1>

Vamos a iniciar con un versículo de la Biblia que se encuentra en segunda de Corintios capítulo 10, versículo 6. Este capítulo se trata de que seamos obedientes nosotros, de que pongamos el ejemplo si queremos hijos obedientes. ¿Cómo podemos nosotros ser desobedientes y reclamar que nuestros hijos sean obedientes? No se puede hacer eso si queremos demandar a nuestros hijos obediencia.

Ser obedientes implica muchas cosas de nuestro diario vivir, cosas que los niños van copiando sin que te des cuenta. Por ejemplo, he observado madres con sus hijos pequeños sentados en el carrito de la tienda y la mamá le va dando frutas sin antes pagarlas. En el caso de que fuesen uvas, le va dando del manojo poco a poco, cuando lilega donde la registradora, no le dice a la muchacha o a la persona que está atendiendo la caja, que su hijo se comió un racimo de uvas, lo omite por completo a sabiendas que ella misma se las dio al niño. Lo que va aprendiendo el niño que tiene 2 o 3 años es a desobedecer, no entiende todavía cómo debe funcionar esto si su madre hace lo contrario.

De 0 a 12 años tus hijos van a actuar conforme a lo que tú digas porque, según los estudios, están de acuerdo en que los hijos aprenden de los padres.

Son una copia del 70 por ciento de las actitudes de sus padres, y un 30 por ciento de lo que les aconsejan, a los hijos se les va a quedar más lo que ven que tú haces que lo que tú les puedes decir. Si ellos ven violencia, ellos pensarán que eso es lo correcto.

Por más que les digas, mira yo estoy haciendo esto, pero por favor tú no lo hagas, desafortunadamente ya se les quedó en su subconsciente.

Debes enseñarles a tus hijos cómo proyectarse, recuerda que en el capítulo anterior hablaba de que tú eres el que tienes el arco y tu hijo es la flecha, como tu hijo sea en el futuro, simplemente reflejará lo que tú eres como padre o madre. El 70 por ciento va a ser de los hechos, de tu comportamiento y el modelo de vida que lleves, y un 30 por ciento solamente de lo que tú les digas. A medida que va pasando el tiempo, tú les vas enseñando a tus hijos sobre la obediencia.

Si el ejemplo que ven ellos en ti es que no respetas las señales de tránsito, las leyes, no sigues las reglas de la comunidad o de cualquier ámbito social al que te observen día a día, ellos no podrán ser obedientes en su vida. Por eso cuando adultos, muchos padres piden perdón por darse cuenta de los errores que fueron cometiendo durante la crianza de sus hijos, muchas veces lo hacen cuando verdaderamente es tarde.

Somos seres humanos, cometemos errores, pero los errores se minimizan cuando ponemos prioridades. Piensa cuál es tu prioridad al formar una familia ¿vas a obedecer mejor a tus amigos, vas a irte de fiestas y abandonar a tus hijos, a encargar a tus hijos en las guarderías, a dejar a tus hijos con la familia, cuando puedes estar con ellos?

Ya habrá tiempo y otras formas de divertirse. Puedes salir con ellos a divertirte al parque, a la playa, de vacaciones, porque hay tiempo para todo, tiempo de reír, tiempo de llorar, tiempo de educar, de jugar, tiempo de ir a la playa, tiempo para todo.

El tiempo para educar a tus hijos no es cuando ya son adolescentes solamente, es como hablamos anteriormente, cuando todavía son pequeños que son como esponjas, que los puedes moldear, que su carácter se está formando. Hay un texto en la Biblia en Deuteronomio capítulo 6, verso 4, donde dice: "Estas cosas las repetirás a tus hijos, andando por el camino al acostarte, al levantarte, donde quiera que vayas."

Si tú te rehúsas, si no eres obediente a estos términos, no vas a poder tener hijos saludables psicológicamente, no vas a poder tener hijos que puedan enseñar a sus hijos.

¿Cuál es la manera correcta? Pues piensa ¿qué quieres que tus hijos sean en el futuro? ¿Quieres que sean los más rebeldes de la colonia o los más inteligentes? ¿Que sean los siguientes policías, bomberos, enfermeros?, lo que quieres que tus hijos sean depende de ti. Ellos eventualmente van a entender su propósito aquí en la tierra y lo van a hacer con gusto y lo van a hacer para honrarte. Debes enfocarte en lo que quieres que sean y por ese camino debes irlos guiando.

No importa que tus hijos no te vean haciendo cosas que no debes, la sociedad te mira y tarde o temprano, pueden ellos descubrir la clase de padres que tienen. Sería terrible que tus hijos descubran que hiciste cosas horribles de la boca de terceros, cosas que tú les prohíbes.

Ellos también lo harán en el futuro con sus parejas, por eso no digas no me están viendo o no me importa que me vean, te debe de importar porque más adelante vas a querer y anhelar que te honren. Por ejemplo, tener hijos que se encuentren una cartera y la regresen al dueño. Como el dicho japonés: "Si no es mío debe ser de alguien".

Eso de irse con la luz en rojo, solo porque aparentemente nadie te ve, mientras tus hijos van en la parte trasera, o tal vez conducir a altas velocidades con alcohol en la sangre, no sería un orgullo luego enterarte de que tus hijos copiaron esos comportamientos y salieron alcohólicos, seres antisociales que rompen las reglas. Todo esto tiene que ver con la obediencia.

Se van formando con el tiempo otra actitud, en el caso de la puntualidad, ellos irán aprendiendo a llegar a tiempo a una cita, no 15 minutos después. Van a dejar la cultura de llegar tarde al trabajo, o cualquier actividad desde pequeños. Si nosotros comenzamos a cambiar y a hacer las cosas distintas, seguramente tendremos éxito, seguramente seremos diferentes. Si comenzamos por nuestra propia casa, diremos que estamos yendo por el camino correcto.

Si te pasas un semáforo en rojo, la mayoría tienen cámaras y si desobedeces esa ley del semáforo, te va a mandar tu infracción que viene de $75 a $150. Quiere decir que te hacen pagar y que tiene consecuencias ¡vaya la desobediencia!, ¿te imaginas el problema que causaría si mataras a personas inocentes o a ti mismo? Por eso la ley te da infracciones, para que no desobedezcas. Igual si te pasas el límite de velocidad.

Así mismo, hay leyes espirituales en forma de mandamientos: no mentirás, no robarás, no codiciarás, si esas ya se pusieron ahí para obedecerlas y cuando nosotros las obedecemos, tenemos esa alegría, obedecemos porque nos nace del corazón, también porque no queremos pagar las consecuencias. Cuando nosotros lo hacemos con alegría y con gozo, obedecemos como dice el versículo: estando prontos para castigar la desobediencia cuando vuestra obediencia sea perfecta. No hay necesidad de tener hijos desobedientes. A todos los padres les gusta tener hijos obedientes, pero esto lleva trabajo y disciplina, se requiere esfuerzo para poder tener esa clase de hijos obedientes.

Dios les envía hijos a las personas que él sabe que pueden criarlos. Nosotros somos los que vamos torciendo esa misión que nos ha dado con eso de no sacar tiempo para ellos, de asignarles distintas nanas y no supervisar su trabajo, con desobedecer y esperar que luego ellos sean un ente perfecto para la sociedad. Así no funcionan las cosas, debes entender que tienes una responsabilidad muy grande al momento de traer niños a este mundo. Dios no se equivoca, es el mismo ayer, hoy y siempre.

Actualmente, contamos con una herramienta que tiene mucho poder y que puedes usarla a tu favor y no en contra. Esa herramienta es la tecnología, que ha crecido y avanzado de forma gigantesca. Hay que aprovecharla positivamente con nuestros hijos. Por ejemplo, si salen a pasear, en vez de llevar música fuerte que no aporta nada, mejor es poner algún audio educacional, un podcast, un programa en YouTube familiar, algo que aporte valores mientras conducen.

Es importante eliminar la televisión con programación antivalores. Hay muchas caricaturas que no son para niños, hay programas en televisión abierta que son para adultos, pero muchos padres no vigilan lo que allí se exhibe. La tecnología es algo positivo y negativo a la vez dependiendo del uso que le des.

Procura más tiempo para con tus hijos, ir al parque con ellos, hacer actividades variadas. También puedes llevarlos a lugares donde ellos pueden aprender algo que tú quieras ellos sean, de la forma en que tú quieras proyectarlos.

Muchos padres les dicen a los hijos que se aparten, que están cansados y aburridos, que se vaya a casa de algún amigo. O simplemente les compran videojuegos, tabletas y mucha tecnología para distraerlos. En ese sentido, la tecnología se usa de manera negativa para distraerlos, sin que haya un fin de aprender o sacarle ventajas.

Dios te da la inteligencia de cómo hacer las cosas correctamente, cosas que te sirvan para educar a tus hijos. No debe ser mejor decirles que estás aburrido, que se vaya a divertir por ahí. La vida la vivimos una sola vez y estás dando la oportunidad y abriendo la puerta a una posible destrucción.

Lo estás haciendo repetidamente error tras error cuando lo único que se cosecha es destrucción. Sin embargo, puedes levantarte y puedes empezar una nueva vida hoy. Este instante que lees este libro, que ha llegado a ti por una razón, es el momento de analizar el rumbo que vas llevando con tus hijos. Estas a tiempo de cambiar.

En el 2015 comencé a leer libros de Napoleón Hill, audios de Kevin Trudeau, charlas de Anthony Robbins, de Jim Rohn y de personas cuyos conocimientos he puesto en práctica. Son escritores, conferencistas, impulsadores de cambio. Hay que buscar de esto si queremos mejoras y cambiar nuestras vidas.

Verás que tus hijos están orgullosos de ti y eso te hará feliz, te lo garantizo que tendrás felicidad. Morirás en paz porque todos tenemos que morir un día, pero con la satisfacción de haber hecho un buen trabajo, así como el de los apóstoles. El apóstol Pablo dijo: "He acabado la carrera, he guardado la fe. He hecho lo que tenía que hacer, por lo tanto, me está esperando una corona que el justo juez me dará y no solamente a mí sino a todos los que esperan y aman su venida, es para los creyentes".

Hacer lo que tienes que hacer es tener una familia sana. Ya decidiste traerlos al mundo, ellos no te lo pidieron. Por eso hay que tener esto presente para poder seguir en el camino recto, no torcido. No morir arrepentido por no haber hecho lo que tenías que hacer.

Capítulo
3
AUTORIDAD

Dios nombró al hombre como cabeza del hogar, como sacerdote del hogar. Nos regimos por leyes naturales y leyes espirituales, así que si queremos tener una familia sana, que tenga armonía, no que sea perfecta pero que se lleven bien unos con otros y puedan en realidad disfrutar de la vida, debemos regirnos por ellas.

Si queremos nosotros tener una familia sana, se tiene que obedecer esta otra ley de la autoridad. De esa forma tendrán una familia como la que les estoy describiendo en este libro, la razón de este amor es como una recopilación de cosas que se tienen que hacer o que se sugieren hacer si busca tener una familia sana en este mundo.

Mi padre era un hombre que no sabía leer ni escribir, no obstante, era una persona que tenía autoridad, alguien que mi madre respetaba al igual que sus hermanos y hasta ayudaba a poner orden en sus hogares. Mi padre aconsejaba a los hijos de mi tío Jesús y también aconsejaba a los hijos de su hermana menor, tía Juanita.

Cuando hablamos de autoridad, no estamos hablando de ser autoritario ni ser agresivo.

La autoridad se demuestra obedeciendo a la autoridad que está por encima de nosotros y la autoridad que está por encima de nosotros es Dios.

Cristo es la cabeza del hombre, el hombre es la cabeza de la mujer y con esto no quiere decir que la mujer sea menos. En Efesios 5, del 22 al 29 dice que el marido debe tratar a la mujer como a su propio cuerpo, porque ningún hombre maltrata su propio cuerpo. Esa es la razón por la que hemos tenido éxito hasta ahora con nuestros hijos.

La autoridad que mi padre tenía para con su familia, hizo que también ayudara a otras. En mi caso, vi a mi padre usar su autoridad de una manera correcta, sin ser autoritario, como muchas personas que la usan para abusar, abusan del poder. Un ejemplo de esto es el caso de algunos policías.

Nos está diciendo esta ley que nosotros no debemos de abusar de esta autoridad, no porque Dios me nombra a mí como cabeza de mi mujer yo tengo que ser autoritario, al contrario, ella es una ayuda y un equilibrio perfecto en nuestro hogar, de hecho, lo ha sido desde el principio.

Nuestros hijos nunca presenciaron violencia de ningún tipo en nuestro hogar, ni de mí hacia ella ni viceversa. Al contrario, han visto respeto, no una lucha de egos ni de poder. Por eso, han sido criados y lo siguen estando, bajo una autoridad que no es violenta.

Donde la esposa no respeta la autoridad, los hijos van viendo esa clase de actitud y la van reproduciendo como una semilla que se riega todos los días. Tarde o temprano la va a transmitir a sus hijos. Si los hijos ven esa clase de actitudes en los padres, no se respetan uno al otro, la madre no respeta la posición de la cabeza que es su marido, se vuelve un desorden porque se está violando esa ley.

Les decía en el capítulo anterior que, si desobedecemos un semáforo, vamos a pagar consecuencias, posiblemente cause la muerte a alguien. De esa misma manera si en la casa no se respeta la autoridad ni los roles de cada padre, solo se reproducirá el desorden.

Les sugiero una película mexicana de Joaquín Pardavé: la familia Pérez. Aquí se resume algo de lo que explico en este capítulo, cuando los roles no se respetan, las consecuencias de cuando la mujer toma la autoridad no van bien las cosas y no tengo nada contra de la mujer, pero si queremos tener una familia sana, se requiere que la mujer muestre sujeción. No que sea sumisa, que es algo distinto. En los años que tenemos casados, no se ha llegado a ese punto, porque no es necesario en realidad, para eso están las palabras y el diálogo. No es saludable, hay muchas mujeres abusadas en el mundo. En el país donde residimos específicamente, se da el caso de que muchas mujeres tienen que huir de sus maridos porque abusan de ellas.

El secreto entonces para procrear una familia sana es que la mujer esté sujeta. En el caso de nosotros, mi esposa estuvo sujeta. No que ella hacía todo lo que yo le decía, sino que siempre apelaba a la unidad, por ejemplo, en el sentido de que: "Cuando venga tu papá de trabajar, le voy a decir lo que hiciste". Y en ese sentido ella estaba dándome mi lugar, estaba usando mi autoridad para poder hacer que el niño no se portara mal.

No es necesario pegarles a los hijos, aunque la Biblia dice que, si no castigamos a nuestros hijos, pues no vamos a poder castigarlos cuando se requiera. Recuerdo que, a Blanca, nuestra primera hija, yo nunca le pegué porque no dio cabida para eso. Se casó y no le puse la mano encima, porque nunca buscó motivos para que la golpeara.

Para mostrar autoridad y que soy el jefe, no tengo que repartir golpes, alzar la voz, maltratar ni ser violento. Esa es la diferencia entre la autoridad y la violencia familiar. Simplemente basta con poner reglas y castigos a los niños cuando hay comportamientos errados.

Manejar un hogar no es tarea sencilla, cada día se va aprendiendo como si fuera una escuela, donde pasas de curso. A ser padres se aprende siendo padres. Antes de aprender, hay que aplicar las direcciones que he mencionado antes, primero hay que orar para que Dios envíe la sabiduría divina y luego seguir paso a paso.

¿Cómo se maneja un hogar o se guía a un hogar? ¿Cómo seguir una familia entonces?

Hay que ser obediente y apegarse a las leyes divinas, a lo que ha funcionado desde el principio si realmente deseas tener una familia sana. Por ejemplo, mi padre no tuvo un ejemplo a seguir meramente dicho, se quedó huérfano a los cinco años, sin embargo, él buscó la forma de aprender, de usar su autoridad sin sobrepasarse. Es la fórmula que les trato de dar en este libro. Mi madre lo apoyó reconociendo su autoridad de hombre y así poder llevar a cabo una crianza buena.

Hay que decir: "Tengo la certeza y la seguridad de que se puede hacer". Hay una frase que me llama mucho la atención: "Nos convertimos en lo que nosotros creemos y en lo que pensamos".

Debemos tener una actitud positiva de que puedes lograrlo y apegarte cada día a eso. Yo creo que veremos familias más sanas, que veremos más personas siendo sanadas a través de esto. Así como hay enfermedades que se pueden sanar, también hay enfermedades espirituales y psicológicas que se erradican y mejoran.

Hay muchas afirmaciones que pueden ayudarnos a sanar. Con el solo hecho de repetir si estas en alguna enfermedad "estoy mejorando", si tienes una situación difícil con tus hijos "vamos a hacerlo bien", esto causa un efecto positivo en ti.

Hay cosas que se pueden revertir, aunque pienses que no tiene reversa. Por eso este libro no solamente es para los que quieren procrear una familia, sino para los que ya la tienen.

Generalmente si sembramos, no pensamos en la clase de semilla sembrada. Por eso, tampoco se piensa en la clase de autoridad que sembramos. Nada es imposible, tal como dice la Biblia, porque para Dios todo es posible y si no ponemos nuestra confianza en Dios para todo, nunca se podrá llevar a cabo el objetivo o la meta.

Si es que no hemos recapacitado correctamente, si es que no hemos entendido completamente, hay forma de poder regresar a Dios y saber que todo es posible. Si es que así lo queremos, si es que así lo deseamos.

Uno de mis sueños es poder ayudar a tanta gente como sea posible, no solamente con el libro sino con ayudas personalizadas. Servir de apoyo a tanta gente que lo necesite. Para que tú y otros tengan una palabra de aliento. Es como las asociaciones para alcohólicos, drogadictos y demás. Mucha gente se acerca porque realmente quieren cambiar;, para esto lo primero que tienen que hacer es aceptar su necesidad. Para su propio beneficio, para que se pueda levantar y pueda tener éxito, para que pueda triunfar y mostrar a sus hijos delante del mundo. Es importante el paso. Al hacerlo, al aceptar que necesita ayuda, será una bendición y habrá cambio en el corazón, habrá cambio en la vida y en la familia.

Hay que tener humildad para poder servir a la sociedad y a la humanidad, que están necesitadas y yo creo que Dios nos dio la oportunidad de que podamos ayudarnos unos a otros.

Muchos escritores y conferencistas como los que he mencionado anteriormente, dedican parte de su vida a ayudar a la gente. Sin embargo, solo puede dar resultado si esas personas confían en que sus vidas y sus familias pueden mejorar considerablemente.

Yo también siento un enorme deseo en mi corazón de poder ayudar y contribuir un poco a la sociedad pregonando a los cuatro vientos que sí se puede. En 1995, soñé que recorría todo el mundo. Recorrer todo el mundo requiere fondos y recursos materiales para poder lograrlo. En mi mente no había forma de poder hacer eso, poder viajar por todo el mundo llevando el mensaje que estás leyendo.

Para el año 2000 donde muchos especulaban que era el fin del mundo, tuve otra vez el mismo sueño. Me preguntaba cómo iba a poder hacer esto si no contaba con esos recursos que se necesitaban. En el 2016, me crucé con el libro "La ley del éxito". Leyendo ese libro claramente me di cuenta de que Dios estaba declarando ese sueño. Dios nos hizo a nosotros de la manera en que pudiéramos ser   de beneficio para otros, que nos necesitáramos unos a los otros.

A partir de ahí comencé a macerar este libro para que el día de hoy llegara a tus manos y pudiera ayudar a mucha gente en el mundo. Los sueños se hacen realidad para el que cree y pone su esperanza en Dios. Así lo creí y lo sigo creyendo.

Nosotros somos como esos árboles milenarios si nos entrelazamos y nos ayudamos mutuamente. Generamos esa energía y esa fuerza. Esos árboles sobreviven a tornados, tempestades sobre ellos y no son derribados porque sus raíces están bien sembradas y fuertes.

El libro recorrerá el mundo, es lo que Dios me estaba enseñando. Lo hará por plataformas, redes sociales, iremos a seminarios y conferencias. 10 capítulos de este libro que los pueden ayudar y fortalecer, traer inspiración y restauración.

No podemos perder la esperanza de que las cosas puedan mejorar y cambiar. Si vamos por el camino correcto, aunque haya tempestades, nuestras raíces se quedarán bien sembradas. Si tú has perdido la autoridad en tu familia, puedes reconsiderar con tu esposa y tener conversaciones al respecto. Muchas personas dicen que no tienen paciencia para eso, lo cual es malo porque están declarando que no quieren cambiar.

Yo acepto cosas que mi esposa dice, no por eso me quita la autoridad, al contrario, se complementa. El diálogo siempre tiene que existir, si existe el diálogo entre los seres humanos la vida es más llevadera, si dejamos el orgullo a un lado y la pereza, vamos a tener la oportunidad de triunfar.

Hemos hecho lo necesario para poder tener la familia que queremos tener, con la autoridad necesaria y el secreto siempre es la oración.

Hay que buscar la pareja ideal, la que nos conviene y con la que nos vamos a entender. Usted dirá, ¿cómo me daré cuenta? Bueno si eres creyente, Dios te va a mostrar el camino que te llevará hacia esa persona. Dios es tan misericordioso, te va a ayudar a hacer lo que tienes que hacer, te va a ayudar a buscar y a encontrar la pareja ideal. Van a comenzar una vida de triunfos, van a venir los hijos y vas a saber qué hacer con ellos, vas a saber cómo guiarlos.

Siembra frijol y cosecharás frijol, todo lo que siembres, eso cosecharás dice la Biblia. Si le damos rienda suelta a los deseos mundanos, eso es lo que vamos a cosechar, pero si sembramos para el espíritu, tendremos vida eterna.

Puedes tener una vida buena y bonita, no significa que no tengas problemas, pero será llevadera. Solo hay que decir que te gustaría tener esta vida y creerlo. Está al alcance de todos nosotros, solo es cuestión de que la abracemos y que nos acerquemos, es cuestión de que queramos.

Queremos una vida y una familia sana, no quisiera una familia enferma o una familia de ladrones y cazadores. Sin embargo, hay que poner el ejemplo con nuestra autoridad porque eso es lo que nos va a llevar al triunfo. Si hemos tenido derrotas, no lo tomas como una derrota final, tómalo como una derrota temporal y piensa que esa situación temporal no te va a hacer caer, te vas a levantar otra vez, hoy es el día y el tiempo de que te levantes.

Si sientes que has perdido la autoridad en tu familia, debes buscar la forma de recuperarla sin violencia. La violencia solamente trae más conflictos y heridas, causa destrucción. Por ese motivo hay tantas familias destruidas. Esto se logra entrenándote, si te entrenas primero vas a poder triunfar en la vida.

Capítulo
4
LA FE

La fe es el tema más importante para mí en este libro, casi todo se basa en la fe. Una de las definiciones que hay acerca de la fe en todas las creencias habidas y por haber del universo es: La fe es la certeza de lo que se espera y la convicción de lo que no se ve. Hay muchas definiciones, pero todas al final quieren decir eso mismo. En este ingrediente tan importante que es la fe, pudiéramos decir que se debe estar seguro de lo que uno cree en cuanto a la familia, esto se requiere especialmente si quieres tener una familia sana, por eso yo creo profundamente en este tema que es un ingrediente necesario.

Un ejemplo claro lo fue Abraham, quien fue un patriarca y líder de la fe de Dios. Dios le dijo a Abraham: "Sal de tu tierra a una tierra que yo te mostraré", y otra de las promesas que Dios le dijo es que haría de él una nación grande como la arena del mar. Por eso se conoce a este hombre como el padre de la fe.

A él se le dio una promesa de que tendría una descendencia tan grande como la arena del mar, como las estrellas que se ven en el cielo. Él confió en las promesas de Dios, sin embargo, no podía imaginar una descendencia si no tenía hijos, por eso le respondió al señor: "Yo no tengo hijos", entonces dijo el señor: "No te preocupes, yo haré que tu esposa Sara tenga un hijo". Sara era una mujer estéril y no podía tener hijos, pero por la fe, Abraham creyó. Creyó que su esposa tendría un hijo y quizás te sorprenderá saber que Dios trabaja en forma misteriosa y nos muestra a nosotros como es que debemos de tener fe.

Abraham tuvo que esperar 25 años para que se cumpliera aquella promesa. Sin embargo, Abraham no perdió la fe, al contrario, se fue acrecentando a medida que él escuchaba la voz de Dios. Hay una película acerca de la vida de Abraham, de cómo el padre de Abraham le dijo: "Hijo ¿cómo es posible por una voz que te habló y no sabes ni quién es, tú solamente sigue la voz que te habla, qué tal si no es verdad?".

Pero Abraham creyó y le fue contado por justicia.

18

Abraham tenía la certeza de que llegará el momento en que sus hijos serían como la arena del mar, quiere decir muchos, que se multiplican cada día. Yo me considero un hijo de Abraham.

Nosotros somos cuerpo, alma y espíritu; no solamente somos carne. Tenemos una conciencia que es espíritu, que nos dice cuando estamos mal o cuando hacemos bien, por eso se habla de que hagamos conciencia cuando usemos nuestra ciudad, para cumplir las leyes, ser considerados, saber cuándo las cosas no van por buen camino, etc.

Se tiene que anteponer ese ingrediente para poder recibir lo que queremos recibir, se tiene que pedir creyendo que vas a recibir. Hay un texto en la Biblia que dice que, si pedimos dudando, no vamos a poder recibir, la duda es lo opuesto a la confianza.

Para lograrlo tenemos que pedir y hacerlo con fe, creyendo que recibiremos lo que estamos pidiendo, de esa manera fue como nosotros lo hicimos y tenemos las evidencias y el testimonio de vida. La fórmula es pedirlo creyendo que ya existe, no importa que, debes tener la convicción de que, aunque no lo veas materializado, lo puedes sentir, oler y palpar. Eso es fe.

Poner esa semilla en tierra y esperar a que te dé sus frutos, eso también esa fe. Nos referimos a la semilla, como aquella oración que plantas con la plena conciencia de que recibirás lo pedido.

Por fe tenemos que también sembrar el pensamiento creyendo que vamos a recibir niños y poniendo nuestro esmero en tener una familia sana, que no van a nacer con problemas.

Así como los héroes de la fe que se relatan en la Biblia, si nosotros pedimos que se haga, creyendo 100 por ciento% que recibiremos lo que estamos pidiendo, seguramente lo tendremos y vamos a ser recompensados, no va a haber nada que pueda detenernos porque estamos creyendo que en realidad está llevándose a cabo.

Es por la fe que estamos caminando, puede ser que vengan dudas en el corazón y que te desanimes, pero ánimo, se puede hacer todo lo que tú quieras, lo que tú desees poniéndole fe.

El universo conspira para darte lo que tú estás pensando, porque los que creen en Dios, el universo es el mismo Dios que obra a través de la fe. Mi padre y mi madre tenían fe en un ser supremo, aunque no tenían una religión, sin embargo, ellos tuvieron la fe de que tendrían hijos sanos y gracias a Dios los 8 hijos nacimos sanos psicológica y físicamente.

Pide sabiduría a Dios para que puedas instruir a tus hijos y enseñarles modales, los que aprendiste. Usa los métodos que creas correctos para tus hijos, nosotros creímos que fue correcto enseñarles la palabra de Dios. Aunque muchos no crean en ellas, sin esas palabras sabias de la Biblia, que, por cierto, muchos motivadores y líderes sacaron tanto conocimiento y libros de allí, nada sería posible. Seríamos como animalitos en el bosque.

La palabra de Dios es sabiduría pura y aquel que siembre con base en ella, con fe y esmero, puede estar seguro de que los frutos los recibirá en muchas bendiciones.

Mi padre me trajo a los Estados Unidos a la edad de 14 años, ya formado porque la formación es de 0 a 12 años, a los 7 meses mi padre se regresa para México y yo me quedé, estuve en Dallas, Texas, luego me fui para la Florida con un primo mío y otros familiares; estando en aquellos lugares, tuve oportunidad de meterme a pandillas y hacer cosas que la juventud acostumbra, pero como traía una base y una enseñanza de mi padre y mi madre, una enseñanza moral , correcta, eso me sostuvo y me ayudó para que no me metiera en problemas, para que no estuviera en la cárcel.

Instruye al niño en su carrera y cuando sea viejo, no se apartará de ella. Recuerdo una historia de cuando mi hermano y yo éramos chicos todavía, yo creo que tenía 4 años y mi hermano 7, mi hermano se encontró una reata en el campo, a él se le ocurrió levársela a casa, mi padre le dijo a mi hermano, ¿y esa reata de dónde salió?, mi hermano temeroso le dice que la encontramos, pero él inmediatamente ordenó a que regresáramos y la dejásemos en el lugar donde la encontramos.

Nos fuimos y la dejamos donde la encontramos, así de esa manera nos enseñó mi padre a que no robáramos y ni a tomar cosas que no son nuestras. Si dejas que tu hijo tome lo que no es suyo, estás haciendo que piense que está correcto al no decirle nada, con tu actitud le estás diciendo que está bien. Sin embargo, cuando haces estas acciones de devolver las cosas, de estar pendientes cuando el niño lleva algo que no es suyo a la casa o toma algo de la tienda etc., poco a poco va aprendiendo a comportarse en la sociedad, a sabsaber, que es bueno y malo, a discernir entre una cosa y la otra.

Bien lo dice uno de los mandamientos "No robarás". No robar es no tomar lo que no es tuyo, por eso no ganamos nada con tener fe si no aplicamos todos estos pasos con nuestros hijos y les modelamos ese ejemplo que necesitan ver en nosotros. Necesitamos niños honestos y sanos en nuestra sociedad, en nuestros hogares y para el mundo.

Capítulo
5
DETERMINACIÓN

Tener determinación es tener iniciativa, decisión y va muy ligado con la fe. Cuando eres una persona con determinación, bien claro de tus decisiones, de lo que vas a hacer, así mismo serán tus resultados, claros y satisfactorios.

Ir por la vida teniendo dudas de si lo hago o no, que si seré buen padre o madre, que si estoy haciendo esto bien o no, eso es vivir en la duda eterna y no haber aplicado los pasos anteriores de este libro.

Por ejemplo, cuando con determinación decidí casarme con mi esposa, orar juntos y tener una familia sana,primero ocurrió esa determinación para que pudiera llevarse a cabo. Tomé las riendas, lo declaré y ocurrió.

No solamente fue pensarlo, sino que esa determinación debe ir acompañada por la guía de Dios, por la fe, por la disciplina y por la autoridad. Todo se mezcla y como ves, va teniendo sentido para ti todos estos pasos, así como pasó conmigo.

Todo en la vida tiene un orden y una manera de ejecutarlo, si no puedes por ti mismo, como hablamos anteriormente, hay mucha ayuda actualmente para apoyarnos, para llevar a cabo todo lo que nos proponemos y quitar las trabas mentales.

Dios nos ha otorgado la inspiración desde que nos ha dado entender y comprender cuál es nuestro propósito aquí en la tierra y es esto precisamente, ayudar a tantos padres frustrados que no saben qué hacer, que se deprimen y pierden la motivación del hogar.

No deseo seguir viendo generaciones sin rumbo, solo porque no se previno a tiempo o no se formaron correctamente. Cada uno tiene un propósito en esta vida, este es el mío junto a mi esposa.

Nosotros podemos decretar y declarar lo que queremos para nuestras vidas y las de nuestros hijos. Las palabras tienen un poder, todo lo que dices con fe y determinación para bien o para mal, muy posiblemente suceda de esa forma.

Se dice por ahí que querer es poder y es cierto, la mente domina absolutamente todo si dejas que pase, sin embargo, si te propones controlar tu mente con determinación, podrás lograr muchas cosas.

Si tú quieres tener éxito en la familia y ser un padre exitoso, necesitas poner atención a tus principios, te pueden hacer sabio para que puedas procrear la familia que tú has soñado, algo beneficioso para la sociedad, no traer y crear familias disfuncionales que terminan siendo los futuros delincuentes y prostitutas, gente que no tienen valores ni principios porque no tuvieron una familia sana.

Muchos padres esperan que sean las escuelas, las nanas o el estado quienes se ocupen de darles principios a sus hijos. Por eso cada día las estadísticas son alarmantes en cuanto a la delincuencia, homicidios, violencia etc.

También se da al revés, hijos maltratando a sus padres desde la adolescencia, porque ellos no siguieron estos pasos, porque no los formaron, no tuvieron determinación, no tomaron decisiones ni correcciones. Todo lo que vives en tu hogar, tiene que ver 100 por ciento con lo que has sembrado. Nadie siembra naranjas y cosecha piñas.

Hay que pedirle a Dios que te dé esa fuerza, esa determinación con tus hijos para que sepas tomar decisiones específicas en el momento que lo amerite. Nosotros podemos pedirle a Dios directamente que nos de lo que necesitamos y él nos dará la sabiduría para escuchar su voz.

Nadie en el mundo planea fallar, la mayoría de los seres humanos no tenemos un plan definido y para ser exitosos y procrear una familia sana, se requiere planear, incluso hasta antes de traer niños, antes de embarazarse, los padres deben de someterse a estudios y exámenes de compatibilidad sanguíneos, así como otras cosas. Eso se llama planificar.

Muchas personas necesitan preparar su cuerpo para poder concebir, para evitar tener niños con problemas de salud. Hay familias que, aunque sean supuestamente lejanas, se unen en matrimonio y allí vienen los niños deformes, con problemas serios de salud. A eso me refiero con planificar.

Aquí entra la determinación, la decisión de hacer las cosas con responsabilidad desde el principio.

Tienes que tener valentía para tener hijos y para la mujer es un reto distinto porque es quien los lleva durante nueve meses, pasando malestares, problemas de salud, sufrimientos, pero la criatura trae felicidad a la casa, haciendo que cada lagrima y padecimiento haya valido la pena. Es un privilegio ser padre y madre.

Es una alegría indescriptible tanto para el padre como la madre tener a sus hijos en sus brazos, es un acto de amor que solo Dios puede dar. Imagina por un instante eso en tu vida, imagina que tus sueños se hacen realidad y puedes tener un bebé sano en tus brazos, que lo miras profundamente. Decreta que así será.

Mientras tus hijos están en tu casa, eres el responsable de absolutamente todo. Por eso debes tener la determinación de padre y decidir en los momentos específicos, para saber cuándo y cómo actuar. Esto se consigue como hemos hablado anteriormente, con oración, autoridad, fe. Poco a poco vamos forjando esa formación y ese comportamiento de los niños, ellos van observando eso en ti y lo van a multiplicar sin que tengas que decirles que lo hagan.

Si ya tienes hijos, puedes ir ajustando y hacer algunos cambios con tus hijos. No será nada fácil si ya están grandes, pero nada es imposible para Dios. Pídele que te dé esa sabiduría y liderazgo, esa determinación para tomar las riendas de tu hogar, para ser el guía de ellos.

En estos tiempos tenemos como dije antes, muchas herramientas que podemos usar a favor y no en contra. La tecnología debe ser dosificada, los niños no pueden tener una tableta, una TV, un celular como padres sustitutos. Deben ser ustedes sus padres reales quienes les den respuestas a sus preguntas, quienes les den calor humano, de hogar.

Este libro es una compilación de casi 30 años de nuestro testimonio, de lo que ha dado resultado. No de puras teorías y palabras bonitas, son cosas que funcionan si sigues al pie de la letra. Es como una receta de cocina a la cual tienes que seguir fielmente para que la comida salga como el chef la concibió. Es exactamente igual.

Nosotros tuvimos que soportar burlas de la gente, ya que alegaban que nuestra forma de crianza no daría resultados. Educar niños en casa e imponer nuestras propias reglas, sonaba a algo descabellado y fuera de moda, considerando que ahora los niños tienen cada uno una niñera, cuentan con profesores particulares porque nadie puede supuestamente con ellos, que son disciplinados y demás. Sin embargo, nosotros demostramos en todos estos años que se puede.

Somos testigos que con determinación más todos los pasos que hemos hablado hasta el momento, se puede, es posible y se logra. Nuestro objetivo es que, al leer el libro, al final tengas la libertad de comunicarte con nosotros para cualquier duda y consulta al respecto, para ayuda personalizada.

Estoy seguro de que puedes lograr tu objetivo de tener tu familia y que sea sana, saludable física y emocionalmente. Que sean niños convertidos en adultos productivos y útiles para nuestra sociedad.

Solo hay que tener fe, esperanzas y tomar la decisión de buscar ayuda cuando ya no puedes, cuando sientes que las cosas no están yendo por el buen camino. Te das cuenta de que es el buen camino cuando hay paz en tu hogar, cuando tus hijos obedecen, son niños que les va bien en la escuela, que, aunque cometan travesuras, al corregirlos ellos escarmientan y toman poco a poco las reglas que ustedes les imponen.

Cuando hay paz en un hogar, no hay violencias, no hay peleas y gritos. Cuando hay tranquilidad, puedes llegar y respirar en paz, sin estar pensando que tu hijo adolescente se va a escapar por la ventana o que te llamarán todos los días de la escuela para señalarte los males que hacen tus hijos más pequeños.

Cree que es posible, hazlo como lo hizo Abraham. Esperó esa promesa de que tendría tantos descendientes como la arena del mar. Si crees, estoy muy seguro de que lo vas a lograr.

Recuerdo que un día me encontraba en un taller de automóviles, estuve comentando el proyecto de este libro con alguien que me reparaba una llanta, me dijo que era tan necesario tener libros como este en el mercado, porque la sociedad está escasa de valores y de disciplina. Dice que en casa de su hermano los niños son un desastre a la hora de comer, que se tiran unos a otros la comida y que hasta a él llegaban a lanzarle trozos. Dice que su hijo quiso en ocasiones seguir el ejemplo de sus primos pero que él le corrigió y le dijo que no debía hacerlo, ya que estaba mal, que él, su hijo, no era igual a los demás.

La comida es sagrada y un medio de nutrirse, hay que enseñarles a los niños lo privilegiados que son de poder comer apropiadamente, pues en el mundo hay tantos niños al igual que ellos que morirían por un poco de alimento. Ser determinados en la crianza de nuestros hijos es esto, mostrarles el camino.

Hay que enseñarles la pobreza, la realidad del mundo y tenerlos preparados para que no se crean que de por sí, se lo merecen todo. Deben saber que cada día que se alimentan, es una bendición y un privilegio, porque tenemos trabajo, porque Dios nos da los medios para que la comida llegue a la mesa.

Eso de acompañar a tanta gente a decir que estos niños de ahora son incontrolables, que no vas a poder, quiere decir que declaras que tú no puedes ni podrías criar ni disciplinar a los tuyos, ya hemos dicho que todo lo que decimos, tiene un poder fuerte en el resultado.

Hay que ser determinados como ese señor que me dio su testimonio con el niño, sembró en su hijo un ejemplo viviente de algo que no es correcto hacer. Mientras que su hermano deja a los suyos hacer lo que quieran, alegando que son niños y que deben jugar, él estableció la diferencia con su hijo.

La falta de respeto a los mayores es una evidencia de una mala crianza. Vemos niños que van de visita a tu casa, hijos de tus amigos o de tus familiares y son tan indisciplinados, que terminan rompiendo cosas en tu propio hogar. Pero sus padres no se atreven a corregirlos primero porque entienden que hay que dejarlos "que se desarrollen" y segundo, porque no tienen la determinación de hacerlo. Incluso, llega el momento que los propios padres le temen a sus hijos de solo 4 años.

Así es como empiezan, como hemos hablado, ya se dieron por vencido con los niños, sienten que no tienen la capacidad de controlarlos porque muy posiblemente a ellos, los padres, nadie los controló y se sigue repitiendo el ciclo de formar adultos incompetentes.

Es por esto que la determinación en nuestra vida de hogar, para formar una familia sana, es tan importante, pues con ella es cuando tomamos las riendas de las cosas y sabes discernir entre lo que conviene y lo que no. Sigamos con el siguiente capítulo para agregar un ingrediente más a esta maravillosa receta de vida.

Capítulo
6
COOPERACIÓN

Para poder lograr formar una familia sana, se requiere que dos personas se unan, obviamente hombre y mujer. Para que funcione correctamente es imprescindible la cooperación de ambas partes en su justa medida.

Cooperar significa ayudar, contribuir, dar la mano. Cuando en el matrimonio se establece la cooperación desinteresada de cada uno, la vida se hace más fácil en conjunto. Por ejemplo, el hombre sale a trabajar, hace su trabajo, la mujer hace las labores domésticas y juntos, cuando tienen hijos, se reparten las tareas para cuidarlos.

Cuando mis hijos eran pequeños, recuerdo que mi esposa siempre me tenía un reporte de lo que había pasado durante mis horas de trabajo, por eso cuando era necesario disciplinar a uno de ellos porque hizo algo mal, ese era el momento de hacerlo. Entre nosotros existía esa cooperación y trabajo en equipo.

Si el hombre está en casa, sin nada que hacer en su momento libre, aparte de descansar, no es justo que lo deje todo a la madre, pues no disfruta de sus hijos y solo lo ven como una autoridad, sin amor. Cooperar es ir a cambiarle los pañales, abrazarlos cuando lloran, no solo es cooperar con la mujer, sino con sus propios retoños.

Cooperar significa que, si la madre ve que el padre está muy estresado, no delegue tareas estresantes o le dé preocupaciones. Cooperar mutuamente es que los dos, se ayuden de forma física y psicológicamente. Aquí entra el plano de la compasión.

Ese mismo reflejo de la cooperación entre los padres, los niños lo van a copiar completamente. Cuando toque ir a la escuela cooperaran con sus compañeros, cuando jueguen con sus hermanos, con otros niños etc.

Los padres deben enseñar a sus hijos a cooperar en el hogar dependiendo la edad que tengan. Por ejemplo, un niño de 4 años puede ordenar perfectamente sus juguetes e ir aprendiendo a colocarlos en el lugar que corresponde.

Esto va mucho de la mano con la disciplina, porque cuando cooperan, tienen la forma de irse disciplinando con tiempo y horarios. Por ejemplo, cuando van creciendo, su nivel de cooperación debe ser mayor con mayor responsabilidad. De 6 años, ya puede estar en capacidad de recoger su habitación y no tirar su ropa.

Es bueno que los padres resalten las tareas que ellos hacen por sí mismos como un valor, que les feliciten cuando lo hacen sin que se les recuerde, por el simple hecho de sentir que son compasivos y cooperan con su madre ya es motivo suficiente para irlos reforzando.

Ser amables, tener buenos modales es cooperar para la familia. Si los padres trabajan desde casa, no hacer ruidos es cooperar, comportarse bien cuando hay visitas, entre otras cosas.

Entre los padres debe haber un acuerdo mutuo en la forma en que se disciplinan y la manera en que se les premian cuando hacen cosas realmente positivas como es la cooperación.

Actualmente, seguimos viendo niños atontados, metidos en sus dispositivos móviles desde los tres años y cuando los padres intentan disciplinarlos, ya no pueden porque los hacen esclavos de tabletas, TV, computadoras para que se entretengan y los dejen en paz, sin saber, que poco a poco van formando seres antisociales que les da igual cuando los padres se enferman, no tienen empatía ni ningún nivel de cooperación ni compromiso.

Muchos niños viven en confusión porque tanto el padre como la madre, les dicen cosas distintas. Uno le prohíbe dibujar en la mesa, otro lo deja para que así le permita ver sus noticias o su novela en paz. Otros dejan que los abuelos los disciplinen y los pobres pequeños ya no saben a quién hacerle caso. Por eso, el nivel de cooperación en equipo de parte de los padres debe ser en conjunto.

Los niños deben entender que, en la casa, todos los miembros de la familia son un solo equipo y deben trabajar en conjunto, por eso, fomentarles estos valores son demasiado importantes para desarrollar su nivel de cooperación en la sociedad. No tirar basura en la calle es cooperar, ayudar a un anciano, extender la mano a alguien que lo necesita.

En estos tiempos, en vez de niños que cooperan, estamos criando robots humanos que obedecen a un comando, el del internet. Pruebe con quitarle este artefacto a un niño que lo usa a diario a ver su reacción. Se pone histérico, rebelde y molesto.

Cuando una pareja se ama, es fácil poder tener cooperación, comprensión entre ambos sin forzar las cosas. En la unión está la fuerza para vencer los obstáculos de la vida, las cargas se reparten y los compromisos también.

Por esto, antes de casarse debes saber si realmente estaremos con alguien que va a aportar esa cooperación que se necesita en la vida o solo es un ser egoísta que no le importa nada.

Hay muchas ideas para que los niños puedan colaborar, al hacerlo también queman energías, no es bueno que los niños vivan sentados viendo trabajar a los padres sin hacer actividades que pueden hacerlos quemar tanta energía acumulada. Por ejemplo, viene el cumpleaños de uno de ellos y la madre pretende hacerlo en casa, una idea muy buena es ponerlos a todos a colaborar para realizar la decoración, otros pueden ayudar a preparar el pastel, etc.

Leer en familia la Biblia de niños y que todos cooperen con leer uno o dos párrafos, es una manera sana de sacarlos de la monotonía y mantenerlos concentrados. Fomentar la lectura cuando van creciendo hará que puedan aprender y cooperar al mismo tiempo.

Los valores como estos son fundamentales en las familias sanas. Un adolescente puede colaborar con sacar la basura, ayudar a limpiar su habitación, ayudar con los hermanos pequeños etc. Todas estas formas antes descritas, demuestran que poco a poco, vamos formando niños que serán de gran ayuda a la sociedad, a sus parejas, a sus vecinos y al mundo.

Piensa las tareas que pueden ellos hacer, felicítalos cuando lo hacen, aunque no sean perfectos y veráas que al final puedes dormir en paz, tu hogar estará gozando de armonía total, de una convivencia hermosa entre padres, hijos y hermanos. Anota qué cosas les gustan a tus hijos y de vez en cuando recompénsalos por tener y llevar a cabo estos valores, que aprendan a darlos fortuitos. A veces con un simple "gracias" reconoces cuando lo hacen bien y es una forma de recompensa.

Capítulo
7
RESPETO

En todos los ámbitos de la vida debe existir el respeto. Respetar es un valor humano donde se establece un honor a la otra persona, tratar con consideración las cualidades y la forma de ser de los demás.

En la pareja, si no hay respeto, jamás podrá funcionar correctamente. Si la mujer no respeta a su esposo en sus decisiones, forma de ser, gustos y reglas, no puede dar un buen resultado. Si el hombre no respeta el rol de su mujer, su individualidad, decisiones y demás, tampoco funciona. Para que haya armonía en el hogar se debe empezar a pensar que cada uno de los miembros de la familia son seres individuales y que necesitan que se les respete.

Para que seamos una sola carne, como dice la Biblia, los dos deben comportarse como uno solo. Respetar también es tratarse bien. Mis hijos han visto la forma en que trato a su madre, con respeto y sin violencia, también en cómo ella me trata a mí. Esa compasión, esa delicadeza y autoridad al mismo tiempo no se deben perder en la pareja.

Muchos niños se van criando en hogares donde los padres no se tienen respeto y por eso, no muestran respeto ante los profesores, ante la gente mayor, son insensibles ante lo que pasa a su alrededor. Por eso hemos dicho muchas veces en este libro, que los hijos son como esponjas que absorben todo lo que ven. A ellos no hay que decirles con palabras, solo con acciones. Esas acciones generan un comportamiento bueno o malo y se va reproduciendo como una semilla sembrada.

El respeto no solo viene hacia los padres, sino de padres a hijos. Aunque sean pequeños, son seres individuales y merecen respeto. Una cosa es corregirlos y guiarlos y otras es violar su espacio y sus gustos. Si ellos no tienen ánimos para jugar o se sienten muy cansados, o no desean hacer de payaso para que los adultos disfruten sus encantos, hay que respetar esos espacios y tener bastante cuidado.

Hay que enseñarles a respetar a su comunidad, las reglas de los mayores, que a los adultos no se les tira las cosas, no se les habla en voz alta y que hay que respetar cuando los padres hablan cosas que los niños no deben opinar.

El respeto se siembra primero y luego después se va cultivando, es como el amor, se va cultivando ese amor y debe ir creciendo a medida que pasa el tiempo.

En la Biblia dice que Jesucristo les dijo a sus discípulos: "Ustedes son la luz del mundo" esto quiere decir que lo que debemos de ser es una llama que no se esconde ser el reflejo de los valores para que el mundo aprenda de nuestros testimonios. Una luz no debe ponerse debajo de la mesa, hay que sacarla para que alumbre.

Eso mismo pasa cuando nosotros mostramos buenos ejemplos para nuestros hijos para que ellos sigan siendo esa llama encendida para el mundo, no un manojo de cenizas vacías que nadie quiere porque no respetan ni se respetan a ellos mismos.

Para mostrar respeto, debemos saber comunicarnos correctamente en la pareja y luego en la familia, ya que independientemente de la edad, cada uno es un ser que necesita ser escuchado. Hay que comunicar lo que está bien o mal, hablar con amor y consideración. Sobre esa base, cuando ya sabemos las reglas que debemos cumplir como padres y como hijos, entonces se debe de respetar a carta cabal sin chistar. Respetar las normas establecidas en casa como las tareas que cada uno debe hacer, la forma en que debemos comunicarnos sin gritarnos, decir lo que nos parece sin pelear, respetar cuando a alguien no le agrada algo en específico.

Hay que evitar que dentro de los miembros de la familia haya burlas, entre los hermanos y los padres. Esas pequeñas burlas que inician como algo inocente y que en el fondo hiere a un ser querido, se va extrapolando por el resto de nuestras vidas. Ahí se ha roto el respeto desde el seno del hogar, esto pasa a la escuela, en la comunidad y se convierte en el llamado *bullying*. Todo porque desde la casa no hubo respeto.

Como padres, no se debe permitir que entre hermanos se hagan burlas, se golpeen, se invadan sus espacios y se toque su individualidad. Más que ser duros, hay que aprender a corregir con autoridad y amor.

Hay que repetir lo mismo cuantas veces sea necesario, para que quede en la mente de nuestros hijos. No se debe cansar de hacerlo para impregnarles el valor del respeto.

Los padres aprenden a serlo con la práctica. No debes frustrarte cuando estas enseñanzas no salen bien a la primera, no te preocupes, ellos irán aprendiendo poco a poco a comportarse, a no hacer burlas, a seguir las reglas y respetar a los demás. La práctica hace al maestro, nadie nació sabiendo ser padre.

Ahora podemos decir que valió la pena, ya no es una teoría, es una realidad nos graduamos de ser padres en la universidad de la vida, de probar, de orar, de leer y de implementar nuestras normas como pareja. Por eso, con cinco hijos, todos distintos, podemos decir que esta forma de aplicar estos valores han sido un éxito en estos 29 años.

Hay que asumir la responsabilidad como padres. La culpa de que no haya respeto en tu hogar no es del maestro, de la escuela, del gobierno ni los vecinos. Debes asumir con responsabilidad el camino de guiar a tu familia. Primero conocer el significado de lo que te pongo aquí, cada uno de estos valores son primordiales y luego aplicarlos. Mucha gente dice que quisiera ser respetado, pero no ponen su primer granito de arena, hablando del hombre, a veces piensa que él es el que manda en la casa, él es el que tiene la última palabra sin consultar con la pareja.

Hay que reconocer cuando uno se equivoca y pedir perdón si es necesario, seas hombre o mujer. Incluso, pedir perdón a los hijos cuando se les irrespeta. Hay que ser humildes, eso no te quita autoridad, al contrario, muestras que respetas su personalidad, su individualidad y que cometes errores también.

Haciendo esto, vamos a tener armonía en la casa, todos van a poder respetarse unos a otros sin sentir orgullo, todos pondrán un grano de arena para mejorar en la familia, para ser sanos.

No podemos olvidar el primer capítulo de este libro, la oración. Debemos orar en familia, aunque los niños estén pequeños y no sepan lo que hacen, poco a poco van a ir tomando conciencia. Les digo, esto funciona sin fallas, pues cuando oramos en familia, Dios nos da estas herramientas de manera fortuita, nos da humildad, armonía, nos enseña a respetarnos unos a otros, a amarnos como él lo hace y lo hizo. Esto no es una fantasía, si haces esta acción, veras los frutos y serán muy abundantes.

Aprenderse los 10 mandamientos en familia y practicarlos, darles a ellos la información durante su formación es tan importante, luego no tendrás que andar corrigiéndolos en la calle cuando irrespeten a un mayor, cuando sean insensibles ante el maltrato de un animal, cuando golpeen a sus hermanos, compañeros de clases, y de adultos cuando no respeten a sus parejas. No, si haces esto, puedes estar en paz de que los frutos van a ser tan abundantes que vas a disfrutar viendo a tus hijos ser seres de bien.

El respeto se lo gana uno con su modo de ser e interactuar. Si nos vamos al plano laboral, respetar la autoridad del supervisor, del jefe y la empresa, automáticamente ellos van a hacer lo mismo contigo, te van a respetar y valorar como empleado. Mucha gente no se da cuenta de que irrespetar los horarios, las normas de la empresa porque aparentemente no te están viendo, es un antivalor, no hay respeto por el trabajo y las labores.

Por cada acción de irrespeto, veremos las consecuencias en nuestras vidas y en la de los nuestros. Es terrible que te traten luego como un animal solo porque no supiste seguir las reglas, porque no respetaste en tu trabajo, en el supermercado, a tus compañeros etc. Estos son los antivalores que, aunque no digas con palabras, tus hijos van a ir copiando poco a poco.

Tener un padre que no respeta su horario laboral, que se va a beber con sus amigos y llega ebrio a casa sin respetar a su esposa o, por el contrario, una madre que no respeta los vecinos, que tira la basura, que no respeta a la cajera de la tienda, que vocea improperios, que no respeta su cuerpo, ellos no tienen que saber hablar para copiar estos patrones de irrespeto.

El respeto va más allá de puras teorías, hay que practicarlo, modelarlo, cumplirlo y hacerlo. Pon las reglas en tu casa, pero primero, cúmplelas, no hagas como que eres un adulto y puedes hacer lo que quieras, no, hay que predicar con el ejemplo si queremos tener una familia completamente sana.

Respetar es tener palabra, cumplir con lo que se promete. Si prometes a tus hijos que los llevaras a un lugar, trata de cumplirlo porque es un irrespeto cuando somos irresponsables, cuando no cumplimos con nuestra palabra. Hay que fomentar seriamente este valor si queremos niños honestos, responsables y respetuosos, ante todo.

Tratar de no ofender a los demás con nuestras palabras hirientes, es una forma de respetar y hacer que los demás nos respeten. Hay que tener cuidado con lo que sale de nuestra boca. Mi padre siempre fue un hombre callado, a veces es mejor no hablar todo lo que pensamos, mejor pensar antes de hablar y nos evitaremos problemas.

Las murmuraciones, chismes y la repetición de informaciones sin confirmar es un irrespeto a la sociedad, a esa persona que tal vez esté siendo difamada y nosotros nos convertimos en un repetidor humano para dañar. Con esto no solo no respetamos, sino que también nos escuchan los niños y ahí viene el modelo erróneo.

Respeta para que te respete tu pareja, tus hijos y la sociedad.

Capítulo
8
TOLERANCIA

Tolerar no es más que tener respeto a las ideas de las demás personas, tener paciencia y va muy de la mano con el respeto. En efesios, capítulo 6 versículos del 1 al 4 habla sobre obedecer a su padre y a su madre para tener larga vida, y a los padres, no hagan enojar a sus hijos.

En el capítulo anterior hablamos sobre respetar la individualidad de los miembros de la familia, esto significa que, aunque sean tus hijos debes tratar de no exasperarlos y sacarlos de control, que son seres humanos y hay que tolerar su forma de ser, saberlos llevar por el buen camino. Eso de imponernos sin ser tolerantes a que cada uno de ellos va a aprender a un ritmo distinto. Hay que entender que cada hijo tiene una personalidad totalmente diferente al otro e incluso a la nuestra, por eso la tolerancia debe irse implementando en el hogar.

Cuando hay tolerancia en el matrimonio, es imposible que terminen separados o divorciados. La tolerancia es clave para llevar una armonía en el hogar. No basta con amarse y decir que se aman, hay que dejar nuestro propio orgullo y empezar a tener tolerancia.

La felicidad no va a llegar por si sola, por el hecho de que hay que ser felices, todo se trabaja desde estos valores. Por ejemplo, no siempre hay que ganar una discusión, ambos tienen distintas opiniones sobre un tema y alguien tiene que ceder, si uno de los dos no cede, se terminará en una acalorada discusión y muy posiblemente se vaya quebrando el matrimonio y la familia.

Actualmente hay tantas madres o padres solteros y cuando analizas lo que destruyó su matrimonio, la raíz principal vino por la falta de tolerancia, por no ceder, por no saber cuándo parar. Cuando esto ocurre, los más perjudicados son los hijos, porque tienen que vivir en dos mundos, falta de compresiones, tristezas, confusiones, etc.

Esa falta de tolerancia la practicamos con los vecinos al no saber convivir en comunidad, porque todo molesta, porque no se respetan las reglas del vecino, del edificio, porque no se soportan las distintas culturas o razas.

Por la falta de tolerancia hay tantas muertes en el mundo que son incontables los casos, simplemente por no esperar su turno en un parqueo, por querer ir primero en una fila, porque les molesta el estilo de peinado de una persona en un supermercado. Todo esto es un reflejo de tu interior, no eres un ser respetuoso y, por ende, eres intolerante. Como consecuencia esto lo llevas a casa, peleas con tu pareja y los niños terminan siendo víctimas.

Exasperar a los hijos trae como resultado niños violentos y de mal humor. Se vuelven incontrolables y malcriados y no por su culpa, sino por culpa de sus padres porque no practican la tolerancia que debe tener, la paciencia que viene con el amor. Decimos mucho que amamos, pero el amor es tolerancia, paciencia, aguante, soporte. Cuando amamos debemos dejar de lado quienes somos para entregarnos a los demás como el mismo Dios dice en sus mandamientos: "Amarás a tu prójimo como a ti mismo".

Esto aplica a los vecinos, al trabajo, la iglesia, la tienda, los empleados del restaurante donde comes. Mucha gente no perdona un error, por ejemplo, si algún empleado les está brindando un servicio y por mala suerte alguien deja caer su comida, su tintorería o de lo que se trate el servicio, estas personas se salen de control y los ofenden, se malhumoran, se quejan con el supervisor. No se detienen un instante a analizar que todo tiene solución si tan solo se muestra más tolerante a la situación.

Pongamos que tus hijos están sentados contigo en ese mismo restaurante. ¿Crees que es un buen ejemplo lo que ven? Lo que ven es un padre o madre intolerante, capaces de comerse el mundo porque las cosas no salen como ellos pensaron. No están formando una familia sana, lo que forman son pequeños monstruos para la sociedad, réplicas exactas de su comportamiento.

Hay una historia que escuché de un niño que, jugando, rayó la camioneta del padre, este se puso tan violento que lo golpeó hasta más no poder, lo hizo de tal manera que al llevarlo al hospital tuvieron que amputarle las manos. No conforme a esto, el niño le dice al padre luego que, si ya reparó su camioneta, que por favor le devuelva sus manos, el padre se puso tan triste que se pegó un tiro y murió.

Todo lo que significa esa historia es algo desafortunado, algo que nunca debió pasar. Con solo corregir al niño de palabras, con algún castigo dependiendo su edad, todo se habría resuelto sin problemas. No había que llegar a tal extremo y, por si fuera poco, el niño sufre dos traumas, el primero fue que se le acusó de algo y por eso se le cortan las manos y el segundo, su padre se suicida y entiende que fue su culpa también.

Los errores de los padres lo sufren los hijos de mala manera, aquí se seguiría repitiendo la historia con ese niño, posiblemente cuando sea adulto. Falta tolerancia porque les falta Dios en su corazón, les falta oración para poder respetar, para poder contenerse y no actuar como animales.

Mis hijos que están en nuestra casa aún son cuatro de cinco y oscilan entre 18 a 27 años, se nota que siguen con nosotros y no fue porque los exasperamos ni porque los sacamos de control, fue porque los supimos criar. Hubo muchas cosas que no fueron aceptadas ni toleradas, pero fuimos aprendiendo en el camino. Cuando son más pequeños debemos tener mucha paciencia y tolerancia dependiendo la edad, no es lo mismo un niño que no habla a uno de siete años, tampoco es lo mismo hablar con un adolescente.

Para estas cosas la madre es la maestra, son más tolerables a muchas cosas, tienen esa sensibilidad para los niños de forma natural, para saber cómo reaccionar ante algunas situaciones.

Tenemos el mejor ejemplo tenemos el mejor la mejor experiencia que nuestros hijos.

Espero que mis hijos cuando procreen usen las mismas fórmulas que usamos nosotros y se siga multiplicando la tolerancia en familia. No importa el asunto económico, la tolerancia debe ser usada en todas las familias sin importar su extracto social, para así nuestros hijos sean un ejemplo a seguir.

Tengo seguridad de que este libro llegará a las familias que lo necesitan, a las parejas que están a punto de procrear y a todo individuo que piensa ser padre o madre. Mi deseo es repartir felicidad a la gente, que vean que hay una esperanza, que solo son pequeños detalles que hay que ajustar.

Sacrificarse solo por doce años es la fórmula, formar esos niños hasta los doce años y de ahí orientarlos. Preocuparte por llevarlos de la mano en cada paso, tomando en cuenta estos ingredientes que pongo aquí. Estar preparados para cada cosa que va a ocurrir en el camino porque no es sencillo, el día a día es duro, se te van a presentar situaciones y Dios te va a dar la paciencia y la sabiduría para que puedas resolverlo.

Cuando adultos ellos mismos tendrán tolerancia con sus padres y los cuidaran como se debe, no como muchos que los abandonan a su suerte porque nunca supieron criarlos con amor y valores, esa es la diferencia. Principalmente con una madre que muchas han muerto en el momento del parto, dando a luz a su criatura.

Puedo decir con orgullo que, aunque yo no estuve en los días finales de mi padre y de mi madre, vi a mi padre dos semanas antes de que falleciera. Mi hermano mayor se encargó de mi padre en sus últimos días en su enfermedad, él no podía moverse por sí mismo no podía bañarse y mi hermano lo hacía con ternura, lo peinaba y es una buena actitud de un hijo para con su padre. Dios bendiga mi a hermano por esa actitud.

Era justo que mi hermano le devolviera el bien que mi padre hizo y esto me llena de ternura, por eso es tan importante sembrar la semilla para que sus frutos sean así, hijos que luego cuiden de sus padres en la vejez, que tengan la oportunidad de devolverles un poco de ese amor que les brindaron a ellos. En el 2015 le tocó a mi madre partir, mi hermano Baltazar también le tocó cuidarla en sus últimos días.

Es una experiencia dolorosa y a la vez fructífera, pasar los últimos minutos con el ser que te trajo a la vida y hacerlo con amor. Es un largo camino a veces, pero es de recompensas porque muchos ancianos mueren solos en un asilo, sin nadie que vele por ellos. Mis padres murieron rodeados de amor.

Capítulo
9
DISCIPLINA

La disciplina no es más que un conjunto de reglas que son determinadas para que puedan ser cumplidas. En este caso que nos atañe, la familia. La familia es sin lugar a dudas el núcleo principal de la sociedad, si dentro de la familia esas reglas no se cumplen o son rotas todo el tiempo, no puede haber orden ni disciplina.

La disciplina es otro valor, ingrediente, paso a ser tomado en cuenta si o si, si deseas tener una familia sana. Como pusimos el ejemplo de los niños que se tiraban la comida entre ellos y hasta a los adultos, es una clara idea de lo que se vive en el mundo actual, donde los padres dicen que el problema es la generación, que esos niños son pequeños monstruos incontrolables. Si nos vamos a las fantasías de las películas, fuera muy bueno llamar a Mary Poppins, aquella niñera de la disciplina que hace que los niños hagan caso a todo lo que le dicen, o si no, pueden tener serias consecuencias.

En la realidad, no tenemos a esa tal niñera y si acaso tienes suficiente dinero para pagar a una persona que los trate de disciplinar, ya estás perdiendo. No pierdes dinero solamente, pierdes el respeto de tus hijos y la autoridad que debes de tener.

Ya hemos hablado anteriormente de lo que significa que el padre tenga una voz de autoridad, que tanto al padre como a la madre se les obedezcan, así serán seres disciplinados en todas las áreas de la vida.

¿Qué tanto deseas que pase eso en tu familia? Me imagino que mucho. Entonces, de ser así, debes empezar a leer bien este capítulo varias veces, estudiar la disciplina desde su significado hasta las acciones que debes tomar.

Como dijimos, si no modelas las cosas, muy difícilmente tus hijos puedan copiarlas. Si ven que eres indisciplinado en tu diario vivir, un ser irresponsable, no hay nada que buscar en ese futuro adulto. Así como lo lees.

La disciplina es la capacidad de seguir las instrucciones que se dan. Si el padre o la madre ignoran cosas tan simples como las leyes de tránsito se parquean en lugares no permitidos, se van sin pagar, no respetan a sus jefes, compañeros y demás, la disciplina nunca será copiada en esa casa.

Dice el libro de hebreos capítulo 12: "Hijo mío, no menosprecies la disciplina del señor ni desmayes cuando eres reprendido porque el señor ama la disciplina". Para que pueda haber buenos frutos, bendición y armonía se tiene que enseñar la disciplina a los hijos.

Si alguien hace un pastel de chocolate y le hace falta un ingrediente, no va a salir bien el sabor ni la textura. Las recetas van tal cual las instrucciones. Lo mismo pasa con la disciplina. Debes echar los ingredientes correctos, establecer las reglas, normas, la forma de hacerlo y como resultado, vamos a tener el mejor pastel de la vida.

Hay que tener bien los ojos abiertos para saber el tipo de disciplina que queremos para nuestros hijos y la mejor forma de implementarla no es azotarlos, golpearlos con objetos que no son los adecuados y lo que es peor, no les explican el por qué. Antes del castigo hay que explicarles y darles advertencias, porque si ellos no saben lo malo que han hecho, no se debe aplicar una clase de castigo así, además de que es un maltrato.

Mi padre tenía una regla y era no golpear de la cintura hacia arriba, ya que se podía sufrir algún accidente, tampoco golpearles en la cara. Así fuimos criados todos los hermanos. Recibíamos castigo, pero dentro de esto, había reglas. Esto, con todo lo que les he dicho de que mi padre no tenía estudios y era analfabeto. Por eso, para ser padres solo hay que tener un sentido común, de saber cuándo hacer ciertas cosas.

Son incontables los casos de maltrato extremo que sufren muchos niños en manos de sus propios padres, principalmente en Latinoamérica, donde en muchos países no existen consecuencias legales ante el mismo. Tienen niños y los maltratan hasta porque están jugando y el ruido les molesta.

Hay que saber el comportamiento que llevan los niños y si es algo que se repite constantemente, aunque se haya corregido varias veces. Recuerda que no todos los niños son iguales, tampoco aprenden al mismo ritmo. Mucho menos debemos pensar que a latigazos se puede criar a un niño sano. Primero hay que recurrir a las palabras, luego al castigo y, por último, ver otras formas en las que no se maltrate a la criatura.

La disciplina debe verse solamente como un intento de corregir conductas que no se están llevando a cabo de la mejor manera. No debe verse como un maltrato constante. Es con amor, que ellos vean que, aunque han hecho algo malo, nuestra única intención es que sean mejores personas en el futuro, que se conviertan en hombres y mujeres de bien, que no nos vean como los monstruos que quieren arruinarles la vida, por eso, dentro de la autoridad hay que tener presente no actuar en el calor del momento.

Jim Rohn dijo: "La disciplina pesa onzas, pero el arrepentimiento pesa toneladas". Nada más cierto que esta realidad. Si se dedica el tiempo a disciplinar en el momento y la edad correcta, nunca tendrás arrepentimientos. Si pasa lo contrario, el dolor de lo que pudiste haber evitado será mayor que las mismas consecuencias.

Muchos matrimonios pagan miles de dólares para poder tener el privilegio de concebir y cuando tienen los hijos, gastan más dinero en que otros los críen. Es una contradicción grande lo que ocurre, ellos se declaran incompetentes ante los primeros comportamientos de indisciplina de sus hijos, no creen que puedan guiarlos por el camino correcto y se turban.

Si se gastara o se invirtiera algo de dinero en leer libros como estos, en ver documentales, en sacar a sus hijos a pasear , en ir a terapias y consultar personas que tienen experiencia en el tema, no estarían frustrados y disfrutarían un poco de sus criaturas.

Disciplinar no significa que seas el malo o mal de la película, como dije, es un acto de amor que ejerces para hacer que tus hijos cumplan las normas y así que sean mejores seres humanos para el mañana. Así deben de verlo que, tras cualquier corrección, ellos sepan y estén conscientes de lo que han hecho.

Hay que fomentar esa comunicación de ambas partes para determinar si realmente ellos han entendido el porqué de su castigo, si ellos son capaces de identificar en qué han fallado para que no lo vuelvan a hacer. Por eso hay que ser cariñosos, comprensivos y amorosos aun cuando ha pasado la situación. No se vale cargarles rencores y seguir repitiéndoles lo mismo cuando ya ellos han pagado su castigo.

Se debe pasar la página cuando ellos han escarmentado. Si no han vuelto a ensuciar el sofá, a lanzar comida, a golpear a su hermano o lo que sea, ya hay que moverse a otras cosas para que sigan creciendo. No seguir repitiendo como loros lo mismo durante días y años, sino ellos entenderán que, aunque lo hagan bien, sus padres nunca los van a entender y eso no debe pasar.

Criar niños sanos significa que sean disciplinados y a la vez amorosos. Es por eso que se habla de mano dura y mano de seda, refiriéndose a la manera en que corregimos a nuestros niños. Una de seda para darles amor y la otra para mostrarles el camino correcto.

Capítulo
10
EL FRACASO

Si quieres realmente tener una familia sana, debes estar dispuesto a caer y a levantarte. De eso se trata, de que cada día esto conlleva retos, lleva ensayos y errores que hay que afrontar.

Ningún niño tiene un instructivo bajo el brazo que te dice exactamente los pasos a seguir. Hay que ir haciendo su propio manual cada día dependiendo de las aptitudes, actitudes y personalidad de cada uno. Pues, somos seres humanos distintos a nuestros padres, así que hay que prepararse para cuando las cosas no salgan como lo has planeado.

Según la Real Academia de la lengua española, se define el fracaso como el malogro o la caída de algo, un evento o una situación. Cuando decimos que fracasamos es cuando hemos llegado hasta el punto más bajo de algo que hemos estado haciendo, que hemos agotado todos los intentos posibles, sin embargo, esto no tiene que ser de esa forma.

El fracaso no tiene que ser una derrota final, más bien depende como lo tomes. Puede ser algo temporal, algo que te salió mal hoy, pero no significa que te salga mal mañana o el próximo mes. Para entender esto, debemos tener la mente muy abierta y analizar las circunstancias.

Si nosotros decimos que hemos fracasado, quiere decir que estamos derrotados o hemos perdido la batalla final, hemos perdido la guerra, sin embargo, si lo tomas como una derrota temporal te darás cuenta de que es simplemente una derrota temporal nada más. Quiere decir que te puedes levantar y enmendar muchas cosas.

Thomas Edison fue el que inventó el foco incandescente, este hombre cayó o fracasó 10000 ocasiones para poder inventar el foco incandescente, pero lo sorprendente es que cuando le preguntan sobre esto, dice, yo no fracasé, solo encontré diez mil veces cómo no funciona el foco incandescente.

Este capítulo se trata sobre esto, sobre una motivación especial que quiero darte al final de este libro. Si imaginaste tener una familia sana un día y no lo has logrado por una u otra razón, sigue intentándolo todas las veces que sean necesarias.

No todo está perdido mientras sigas vivo. Puedes intentar miles de cosas para lograr enderezar el camino torcido. Fue la respuesta de él, no lo tomó como fracaso final ni lo tomó como una derrota. A veces empiezan por darse por vencidos desde el matrimonio cuando tienen cualquier problema dicen que su matrimonio falló y que no hay remedio.

No hay nada de malo en admitir que uno no es bueno en todas las áreas, es bueno admitir y aceptar el consejo de otros que saben y que pueden ayudar como un terapeuta, un consejero matrimonial etc.

En cuanto a la crianza de nuestros hijos, es de suma importancia reconocer cuando nos hemos equivocado, que no somos infalibles y que podemos fallar. Una vez identifiques donde estuvo el error, será más fácil saber dónde partir y hacia dónde enfocar el nuevo cambio.

Nuestros errores como padres son difíciles de identificar uno por uno si no es por el comportamiento de tus hijos. Hay que preguntarse qué estoy haciendo mal para que los niños no vayan por el camino correcto.. No encerrarse a lamentarse por los supuestos fracasos que tenemos.

Los niños son el termómetro en todo momento, unos niños mal portados, que no pueden estar en ningún lado porque todo es un desastre, niños deprimidos, mal educados, etc. Es un reflejo de lo que hacemos. El truco es identificar cada cosa por separado y haciendo esto, vas a ver primero cómo va tu oración, si realmente pediste y le pides a Dios orientación, si usas tu autoridad, si todo lo que modelas es correcto.

El fracaso te ayuda a pensar profundamente en el camino que se está llevando y al cual vamos como una familia. Recuerda que no se trata de un padre, sino de padre y madre. Una familia es un equipo y debe funcionar como tal.

Si uno de nuestros hijos en algún momento nos ha dicho que las cosas no son de la manera en que decimos, hay que tener la humildad suficiente para admitir ahí mismo que nos equivocamos. Eso ha pasado con nosotros en varias ocasiones.

Hay algo que muchos padres hacen y es decir palabras descompuestas, cuando los hijos las dicen, ellos simplemente alegan que ellos pueden hacerlo porque son adultos pero que los niños no. Grave error, recuerda que los niños copian lo que somos, nuestras palabras y acciones.

Como la familia es un equipo y en los equipos hay reuniones, les insto a que lo hagan. Tener reuniones en familia donde cada miembro hable, se exprese y se comunique lo bueno y lo malo dentro de un orden, es una ayuda increíble, porque hace que tus hijos aprendan a comunicarse, aprendan a debatir, aprendan a expresarse con altura y compartan cosas.

En nuestro hogar acostumbramos a tener estas reuniones y es un buen momento para decir si nos hemos equivocado, si las cosas van bien o mal. Estas reuniones deben darse no solo cuando se identifique un problema, sino, siempre.

Un buen lugar y momento para reunirse debe ser cuando vamos a orar todos juntos. Es importante discutir un poco algún verso de la Biblia y luego que cada quien dé su opinión. Después de esto se puede debatir un tema de algo que se haya vivido en la calle o puede ser una situación reciente de uno de los miembros o de la familia completa, algo que no va bien, tal vez alguna anécdota.

Si les preguntas a los jóvenes que se metieron a pandillas y que hoy se encuentran en las cárceles o en las calles qué pasó en su hogar, como era la relación con sus padres, muy probablemente digan que no había comunicación, que no tenían derecho a la palabra o simplemente no había con quien hablar. Ellos repitieron esos modelos de unos padres que no estaban ahí para ellos y recurrieron a los vicios para sentir algo en su piel.

Muchos padres traen al mundo a los niños y si se divorcian, también lo hacen de sus hijos. Se van de la casa en busca de otras parejas y los niños terminan su adolescencia metidos en cosas ilegales. Por eso es tan importante que sepas que, si deseas una familia sana, debes de proveerles eso, un lugar sano donde todos puedan llamar refugio emocional y físico.

Un lugar que, aunque haya problemas, puedan levantarse sanos y fuertes. Como el hijo próodigo, que una vez le pide herencia a su padre para irse con sus amigos, regresa y el padre lo recibe con los brazos abiertos a pesar de haberse separado del seno del hogar.

Si quieres tener una vida de éxito, de alegría, de armonía, debes rodearte de la gente que tengan estas cosas. Familias y parejas saludables que han logrado establecer algo bueno, por el contrario, si quieres declararte en fracaso total, vas a acudir a gente que se queja de los hijos, de la pareja, del gobierno. Gente que se han dado por vencidos y no ven el futuro sonreírle. A eso le llamamos un fracaso rotundo.

Tuviste un fracaso, levántate no te quedes ahí postrado y vuélvelo a intentar otra vez, hay que buscar la manera de repetir aquello que nos va a llevar al éxito si nosotros realmente le ponemos atención, nuestro creador nos ayudará. Dios nos dará la victoria, Dios nos ayudará de tal forma que sí tuvimos un error vamos a enmendarlo y vamos a buscar la forma de resolverlo.

Cualquier cosa que queramos lograr, lo lograremos, no nos daremos por vencidos así perdamos la vida en el intento. Necesitamos levantarnos. No tirarnos al abandono y dejar todo a medias.

Se debe tener la humildad suficiente para reconocer lo que hacemos, se debe trabajar en un verdadero equipo para que la familia funcione correctamente. Los dos deben ponerse de acuerdo sin lucha de poder ni de egos, esto es importante para no fracasar en familia.

Procrear una familia sana beneficia no solo a los padres sino también a la comunidad, al país y al mundo. Como dije, hay países donde se han erradicado las cárceles, eso se puede lograr en todo el mundo si en vez de tirarnos en una cama a llorar cada vez que las cosas no salgan bien, nos dedicamos a buscar soluciones, a ver qué modelo de padre o madre eres. Si te levantas temprano y cumples tu horario, tus labores y te dedicas a ser un buen ciudadano. Pregúntate si vas caminando por la calle y alguien no te debe señalar por ser corrupto, ladrón o simplemente digan que buen padre o madre son, yo quiero también seguir su ejemplo.

Si tus respuestas son positivas, si la gente, tus hijos hablan bien de tu desempeño, puedes seguir por el mismo buen camino, si no, debes modificar tu forma y reorganizar tu vida. Hay hijos que viven tan exasperados que han tenido que irse bien jóvenes de la casa, pues ya no soportan tantas cosas de los padres, en muchas ocasiones ellos juegan el papel de tener que recibir al padre ebrio de madrugada o la madre drogada. En otros casos tienen que ver cómo el padre golpea a la madre.

Llega un punto en que, si nadie toma la iniciativa de cambiar, los hijos se van a pandillas para salir de ellos lo más pronto posible. Se puede decir que ese hogar ha fracasado. Eso no es lo que quiero para ti ni para tu vida. Si lees este libro es porque quieres cambiar con todas tus fuerzas, porque deseas tener un mejor futuro para tus seres queridos.

Mírate en el espejo de todas esas familias destruidas, es hora de buscar ayuda y ser mejor que antes. Nunca es tarde. Cada capítulo de este libro es de suma importancia para tu familia, les aseguro que será más lllevadero, será más hermosa la vida, menos estresante, habrá menos problemas, menos dolores de cabeza si nosotros ponemos por obra estos capítulos y en realidad queremos nosotros una familia sana en este mundo.

Si los hacemos al pie de la letra muy posiblemente habremos pasado del fracaso al éxito, si ya tiene la familia, además de leer el libro, puedes añadir el de proverbios para complementar las enseñanzas. Aquí están las armas necesarias que necesitas para poder procrear una familia sana en este mundo, te van a enseñar y te van a hacer cambiar. Te van a hacer recapacitar y hacer sentir esa responsabilidad que tienes para con tus hijos, yo creo que te gustaría tener una familia sana en este mundo, no tener niños enfermos, niños desobedientes o hijos que vayan a parar a la cárcel.

Necesitamos tomar conciencia de no dejarnos llevar por lo que se repite sobre esta generación. No es la generación, son los padres, los hogares, la falta de esto valores que he mencionado en este libro. Por eso hay tantos fracasos y gente deprimida, hay tantas heridas, familias destruidas y demás.

Somos nosotros los que estamos llamados a tener niños sanos emocionalmente, a cuidarlos y asumir responsabilidades. Si hacemos esto, podremos saborear los frutos del éxito bien tranquilos, observar lo que pudimos hacer junto con Dios. Sin él no hay nada que hacer.

ACERCA DEL AUTOR

Nacido en Chapultepec Municipio de Tlalchapa Guerrero, en México un martes 29 de mayo del año 1962, sus padres: Telesforo Terán Hernández y la señora Anacleta Estrada Neri. Max fue el segundo hijo de sus padres. Su hogar que, aunque pobre, fue muy bendecido. A la edad de 14 años llegó a Estados Unidos.

En el año 1987 conoce a su esposa Nathalia Olivarez Terán y contrajeron matrimonio en enero 28 del año de 1989 y ahí comenzó su tarea de procrear una familia sana. En el año 1992 se gradúo del *high school* o preparatoria. Primero nació su hija Blanca Esmeralda Terán en diciembre del 1989, luego Nehemías Terán en noviembre de 1990, Jerusalén Cristal Terán en mayo de 1993, Génesis Celeste Terán en diciembre del 1995 y Jonathan David Terán en septiembre del 1998.

En el 2004, trabajando como electricista, Max se accidentó y casi perdió la vida, los doctores le decían que no caminaría, y es que dos2 toneladas de carga lo empujaron contra una pared de un edificio., Pero Dios, que es todopoderoso por su gracia, ya comenzó a caminar y a trabajar hasta el día de hoy. Se dedicó a practicar la carrera de bienes raíces, al mismo tiempo, es Pastor de una pequeña congregación en Dallas, Texas, desde el año 2000.

RESUMEN

Cómo procrear una familia sana es una obra de literatura basada en una experiencia de familia por casi 30 años. En ella encontrará el lector la fórmula de como tener una familia hermosa.

Este libro está en una forma fácil de leer, y en un lenguaje fácil de entender. En el mismo se enseña cómo vencer los obstáculos que hay en la vida para poder procrear la familia deseada.

Max Terán nació en el Estado de Guerrero, México, llegó a los Estados Unidos a una edad joven. Actualmente es pastor, padre, autor, y emprendedor.